Birgid Krause
… is ja ned, dass ma redt
ma sagt ja blos …

AF222801

**Birgid Krause**

# ... is ja ned, dass ma redt, ma sagt ja bloß ...

## Bayerische Mundartgedichte

Bibliografische Information durch
Die Deutsche Nationalbibliothek:
Die Deutsche Nationalbibliothek verzeichnet diese
Publikation in der Deutschen Nationalbibliografie;
detaillierte bibliografische Daten sind im Internet über
http://dnb.d-nb.de abrufbar


Impressum:

Alle Rechte beim Autor
Copyright (2009) by BoD

Herstellung und Verlag:
Books on Demand GmbH, Norderstedt

ISBN 978-3-8391-1460-5

6,50 Euro

*Im Gedenken
an Fritz-Bernhard*

# Inhaltsverzeichnis

## dahoam

dahoam bin i
in bayern

wohna dua i
in berlin

woifuin
dua i mi

überoi
wo mei schatz is

## a guats gfui

i hock in meim sessl, bin miad
siehg, wia se de katz amüsiert

draussd is a buidabuachweda
(i hoff, des rengt nimma schbäda)
da himmi is sooo blau
(wiara tiafs wassa – genau)
de sonn scheint direkt hoas
duach des riesige fensta
ganz weit mach i´s aaf
...ah, des is schee...

d´amsl singt aa scho a ganze zeit:
jaa, iatz is da frühling nimma weit!

## a schlechts gfui

geh, schau doch, da schtuam
pfeift scho wieda, so laud und gfäalich
i sag da´s ealich,
mia graust´s
wann i siehg, wia se de baam owi biagn
und wia de blattln so wuid umananda fliagn
mia bleibt schiea d´ luft weg vor lauta wind
und in da nacht hab i angst wiara kind
zwengs de schlagadn gschbensta
draussd voar meim fensta...
huuu ... mia is so bang ...
i hoff, da schtuam dauat nimma so lang

## a so war´s

wia mia mei oids tagebuach
in d´händ gfoin is
hab i noochdenga miassn

üba mi und mei lebn

danooch
hab i´s wieda zuaglabbt
und hab schwaar gseufzt

o mei  a so war´s

## aus iss

da Fasching ist iatz wieda rum
so manche gsichta schaun ganz dumm
sie hättn gearn no a weng g´feiat
und mit an gschpusi a weng g´eiert
a wengal g ´suffa und aa g´lacht
weil hoid des blödln gaudi macht

iatz is ois wieda ziemli fad
ma fuit si übahaupts malad
da ganze corpus schpuit varuckt
und hie und do werd aa no gschpuckt
ma hod schee aufn putz naufg´haut
doch iatz werd wieda voawärts g´schaut

de oide mühl werd wieda tretn
durch d´arwat muast di wieda frettn
des lacha deafst da übalegn
und schparn muast aa beim geld ausgebn
as lebn laaft in da oidn schpuar
vom fasching hamma wieda gnua

14

## christrosn blian

draussn hots gfrorn
eiskoid wars de nacht

bliaweiß iss iatz worn
christrosnpracht
is endli kemma

im februar earst
statt im dezemba
obwoisd scho d´vögal singa hearst

## d´ schui is aus

wisst ses scho? d´schui is aus,
rennts no glei beim tempe naus!
gor is mit da schindarei,
endli deaf ma kinda sei!

gott sei dank, is des a freid! -
is eh a kreiz mit de großn leit:
oiwei hoaßts: es miaßts ebbs leana,
miaßts amoi a göid vadeana,
soids es bessa ham wia mia,
legts eich doch a weng ins gschia!

jaaa, wenn des so oafach waar!
d´arwat is hoit fuachtba schwaar.
glaubst, des is fei goa net leicht
bist amoi dei zui erreichst!
aafsteh deafst scho mit de hena,
schicka deafst di wia a brenda,
net amoi gscheit essn kannst,
weilst ja sonst an bus vasaamst!
bist dann glückli in da schui,
hoaßts: sitz di endli hi am schtui,
schperr gfälligst deine lusa auf
und tua dei aufgab glei amoi rauf!

vaflixt, de hawi glatt vagessn.
auweh zwick, iatz wer i gfressn!
was tui i iatz? iatz bin i dro---
i glaub, i geh amoi aafs klo.
in fünf minutn kimm i wieda
und sitz mi leise wieda nieda.
dawei is hoffentli voabei

die aufgabnkontrollierarei!

des hätt ma wieda hinta uns.
i sog das, des is fei a kunst!
grad schpekuliern deafst, dauand denga,
dass da ja koa schtraf naufhänga.
glangt eh, die ganze hausaufgab,
de hoit oan sowieso aaf trab.

dahoam muasst aa no schuftn gnua,
ma is scho so a dumme kua!
statt, dass ma sogn dat: i muaß leana,
muaß doch amoi a göid vadeana.
i mechts moi bessa ham wia ia,
drum leg i mi iatz aa ins gschia!
i mecht mi aaf die ferien frein
und wieda amoi lustig sei!

## da innare fried´n

es is scho wieda glei soweit,
iaz is´s da, de weihnachtszeit!
g´wart ham ma lang scho drauf
und gschenka bsorgt im daualauf,
dass jeda se a weng konn frein.
es soin ja olle glückli sein!

*vo g´schenka mechst du glückli wer´n?*
*do braucht´s scho meahra, meine herr´n!*
*do muaß da innare fried´n rei*
*ins heaz. nacha konnst glückli sei.*
*den aba gibt´s net umasunst.*
*des motto, des hoaßt: lebenskunst!*

do muaß i oba iaz scho frag´n:
konn des a jeda vo sich sag´n?
i konn aloa doch nix beweg´n!
oda muaß i des doch anders sehg´n?
vo mia, sogt oana, hängt ois ab!
i woaß ned, ob i eahm des glaab´.

da anda moant: jo, jo, des stimmt.
weil, wenn ma olle zsamma nimmt,
dann san se midananda vui
und kemman dann aa schnei ans zui.
wenn mehra san, hat des a g´wicht
und olles kriagt a anders g´sicht!

no oana woaß: des is ganz g´wiss,
dass ganz da drob´n so oana is,
der hod de fäd´n in da hand,
der kennt de leit im ganz´n land.
net bloß bei uns! de ganze welt

hod ER in oana woch` hig´stellt.

*naaa, gibt´s des, is des wiakli woahr?*
ja, und iaz kimmt ER übas jahr,
ois kloana buam konnst eam bestauna
im krippal. da soin sogar de engal rauna
und se soin singa wia seinazeit,
wo s´ erstmoi se de welt hot gfreit!

es kimmt dea HERR der HERRLICHKEIT.
so jubilier´ns in ewigkeit.
*i hear nix. bin i ebba taub?*

des woaß i ned. aba i glaub,
du miassats grad a wengal meahra
zuahearn. des sogt mei leahra,

und der hot recht. I hab´s probiert.
bei mia ham´s wiakli jubiliert!
und schee ham´s g´sunga. s´is a genuss.
des ganze hot scho hand und fuaß.
i hab´s dalebt, scho zwoamoi g´wiss,
dass ER da drob´n da heiland is.

i bin ganz gribbli, bis ER kimmt
und in mei´m heaz sein platz einimmt.
den hob i lang scho resaviert
füa eahm, den kloan, dass ´n net frieat
in dera koidn winterszeit.
I konn bloß sag´n: I bin bereit!

## da winta, da frühling und d´ liab

da winta is iatz do no kemma,
i glaubs kaum, aba es is wahr.
es huift nix, uns dagegn z´stemma,
es is no wintaszeit im jahr!

i mogs ned, mia is ois so zwida.
i mechat liaba d´schtraß schee frei.
wenn´s schneibt, hab i de schmeazn wieda.
de brauch i ned, des muaß ned sei!

de, wo se gfrein, des san de kinda,
iatz kinnans wieda schneemo baun,
an eisboi weafa afn hintan
und schlittschualaffa hintam zaun.

mia miassn hoid de schaufln schwinga,
grad, dass man weidakriagn, den schnee!
boid wern aa wieda vögal singa
und nestal baun in luftiga höh´!

dann wern aa wieda bleamal wachsn,
schee bunt, in unsam gartn drinn.
de liabespärchen gehn auf d´ achsn
und ham grad no de lust im sinn.

de katzn wern se wieda robbn,
de hund´ wern winseln wia varuckt.
du kannst de liab oafach net stoppn,
wenn´s hint und vorn ganz narrisch juckt!

## ganz untn

in mia krachts
meine knochn quietschn
de muskln san gschpannt
s bluat is hoas

ois zsamm
gibt an schlechtn tag

mist

## grrrrr...

wenn nix hihaut wia´s soi
nacha schtinkt´s da manchmoi

voa wuat werst ganz rot
mi´m schnaufa host dei not

des näxtbeste drum
wosd dawischt, des wiarfst rum

as bluat kocht in dia
vom hirn bis in d´ knia

danooch hockst di nieda
und beruhigst di aa wieda

des braucht hoid sei zeit
bis di wieda wos gfreit

## gschpannt samma

bsuach kriagn ma boid
frirarne nochbarn kemman
vo bayern aaf berlin
wo zwanzg joar
im gleichn haus gwohnt ham

mia ham uns ewig lang net gsehgn
iatz samma gschpannt
ob ma uns no leidn kinnan

so wia friara

## i lach mia oans

draußd is no ko flankal schnee
d´ sonn scheint no, ois waars april
da wind waht, aba des is schee
i hab a richtigs frühlingsgfühl

vorm fensta siehg i oleanda
längst miassatns varamt scho sei
und meine warma wintagwanda
dua i in koffa wieda nei

kalendamassi is dezemba,
niklaustag is heit auf d´nacht
de kinda wünschn se an winta
mid eis und kältn, dass draußd kracht

doch leida kimma do nix macha
des weda miass ma akzepdiern
i konn ma schee ins fäustal lacha
warum? ja mei – i brauch ned friean

## im weg

owizong und daschlogn
kimm i mia voa
da letzte rest mumm
is weg
nix
bring i ausanand
und schteh mia söiba
im weg

a voglscheich
ganz alloa aufm agga
is bessa dro

i konn´s nimma sehgn
des greisliche weda

## is ja ned, dass ma redt

is ja ned, dass ma redt,
wenn ma a bißl zum raatschn gehd
zum nachbarn aaf an kaffee:
„damid i di wieda amoi seh ..."

is ja ned, dass ma redt,
wenn oam wos ned ausm koopf naus gehd
ma sagt ja bloß, was ma si denkt
und warum ma am andan so hängt

is ja ned, dass ma redt,
wenn oam da arsch aaf grundeis gehd
ma sagt ja bloß, was ma gschbüad
und dass ma si narrisch schenierd

wenn ma koa arbat hod und koa göid
und ganz alloa is aaf dera wöid
is ja ned, dass ma redt,
ma sagt ja bloß, wia´s oam geht

## krimi schaun

heit bin i aba ganz schee miad
d´augn foin ma oiwei zua
des kimmt
wenn ma de ganz nocht schtiert
in fearnseh nei und gibt koa ruah

oa krimi gibt dem andan d´hand
und olle san no unbekannt
voar schpannung hearst as knistan
und neamads heard ma flüstan

...

iatz hams an täta – des is guad
do bin i aba wiakli froh
schee langsam schtockt ma nämli ´s bluat
und längst scho miassat i aafs klo

schnöi schnöi weils dann glei weidagehd
schnöi d´hosn zua sonst kimm i z´schpäd
da näxde fuim lafft bis um drei ...
ja mei – dann is hoid d´nocht voabei

mia is des olles ziemli wuascht
i bin hoid amoi krimifan
iatz hab i no an riesnduarscht
und moargn - des wer´n ma dann scho sehgn ...

## liabkosn

de vögal singan so schee
dass da kumma vafliagt
dei heaz duad nimma so weh
wenns schtreichleinheitn kriagt

**mia lebn no***

bsuach hamma ghabt
unsare ganzn schtui hamma zsammgsuachd
weil olle nachban vo friara kemma san

schtundnlang hamma gessn und graatscht
und glacht und ham uns gfreit
dass ma olle no lebn

freili - a jeda hod scho an kloana wehdam
dea na zwiggt
aba s lebn gfreit oan trotzdem

es hätt aa anders kemma kinna

*die ehemalige Hausgemeinschaft der
Yorckstraße traf sich im Lenzelpfad*

## nachtliacht

a boar liachta de siehgt ma no
in dera koidn dunkla nacht

de meistn leit de schlafan scho
es is scho weid nooch mittanachd
da sandmo hod de träum scho brachd

glei geh aa i zum fedanboi
obwoi i bin no goar ned miad
ob i no a weng lesn soi
im buach, des wo mei gmiat so riat
na ja, wenn´s mi in d´arm ned friat

dapack i ´s no a hoibe schtund
dann gengan d´augn vo söiba zua
a diafa seifza kimmd ausm mund
iatz hob i vo mei´m tagweark gnua
und gfrei mi dass i schlafa tua

## nix gwiss woas ma ned

meine augn sehgn ois vaschwumma
wia duach an nebeschleia
i kann mia zwa denga
wos i siehg
aba obs da wiaklichkeid gleich kimmt
des woas i ned
d´fantasie schpuid hoid mid mia

## nochdenga

drei tag scho hock i umanand
und mechat wos dichtn
aba i kimm net dazua
bei olle de pflichtn

i woas dass du gebuatstag host
und i mechat dia aa wos schenga
aba es foit ma so unheimli schwaar
des nochdenga üba gschenga

aba weilst veasal so gean mogst
schreiwi dia olle de i kenn zsamm
und inaram biachal beinanda
konnst as ois gebuatstagsgscheng ham

mit vui liab howis gschriem
vielleicht gfreist di a weng
nacha bringat des denga am end
do no an seng

## ois guade

zum namensdog a veasal macha
mecht i scho seit langa zeit.
leida is des veasal macha
leicht grod füa de gscheitn leit.
und so wünsch i dia hoit nua
gsundheit, glück, zufried´nheit,
erfoig, vui göid. is des scho gnua?
vielleicht no ew´ge seligkeit.
am end is des des beste no.
mea gibt´s net, wos i wünsch´n ko.

### s neie fensta

mia sehng iatz vui
mehra vo da wöid

mehra baam
mehra sonn
mehra himme
mehra schtern

iatz
ham ma
mehra liacht
und an bessan
duachblick

## saubamacha

d´sonn scheint
d´vögal singan
´s werd woarm

iatz treibt´s
d´leit wieda naus
aus da schtubn

ois werd putzt und g´richt
dass schee is
wenn a kimmt

da frühling

## sauweda

schtatt dass schneibt rengts
des soi da winta sei?
s´ dermometa kraxelt oiwei heha
statt dass obifoit.
so an bledn winta hob i no nia dalebt.

wos des woi no werd mit dem weda?
olle redns davo, wia´s weidageht,
aba nix gwiss woaß ma ned.

schau ma hoid amoi, nacha sehgn ma´s scho.
macha kemma eh nix dagegno.

## schnüalregn

woaßd, dass de ganz nacht
scho a so dahiregnd
und am tag aa no
is ja am end ganz guat
füa d natua.

aba füas gmiat
iss a katasdrofn!

sovui wassa
is ungsund.

## scheens weda

heit is as weda so schee
furt is da greislige schnee

de vögl zwitschan ganz laut
de nesta wern ganz schnöi iatz baut

schau hi, do fliagt oana nauf,
dea hod a gschwindigkeit drauf

fast wiara fliaga so schnöi.
dann kimmt a zruck af da schtöi

und sammld sachan füas nest,
dass schee wiard und richti fest

heit is ´s aa goaned so koid,
vui leit san draußd scho im woid.

se wandan und gengan schpaziern,
denn iatz miassns nimma so friean

de sonn siehgt ma zwischn de baam,
des weda is schee wiara traam!

## schad is ´s

er hod oafach schlapp g´macht
aaf oamoi
hod a ganz trauri drei g´schaut
oa bladl noch´n andan
hod a hänga lassn

schad is ´s

er war nämli wiakli schee
mei weihnachtsschtearn

## schtoff füa d seel

da mensch is doch koa maschin
aa ned wenn as söiba glaubd
er brauchd aba sei „benzin"
damid da modor ned rauchd

„benzin" san füa eam liabe woate
a woama händedrugg
a dank an manchm oate
s signal: i nimm ois zrugg

wos i an koopf dia gschmissn
mid wos i di valetzt
i mecht di doch ned missn
mei herz is mid deim doch vanetzt

## schtörung

grad wiari a nickachen macha wollt
glinglts delefon narrisch laut

schock fürs lebn ...

und da traumvakäufa
hat sein ladn zuagmacht

### silvesta füa d´katz

des kracht und da blietz zuckt,
oiwei wieda rengts an haufa schtean.
mei oarme katz werd ganz varuckt.
an soichan radau mogs oafach ned gean.

des oame viech woas goa ned,
wo´s hi soi.
ob´s heit übahaupts no geht,
dass´s naus ko?

de oame katz rennt hi und her,
durch d´ wohnung, in kella und z´ruck.
schnöi untan schrank – scho duat ´s wieda an ruck.
mei, heit is des lebn sooo schwea.

42

## vawundba

manchmoi gschpierst
wo an schmeaz

dann wundast di
dass des gibt

weilst nia gwusst hast
dassd an dera stell
empfindli bist

aba iatz woaßt
wo´s weh duat
und konnst aufbassn

## vazaubat

wenn d´augn zuafoin
schtehst mittn im traumparadies
und du woaßt gwiss
wennst das wieda aafmachst
is ois weg –

aba manchmoi bleibst umgebn
vonara vazaubatn aura
di dia as lebn
leicht macht

## vui zhoas

es is so schwui
dassd moanst
dia druckts dei
hirn aussi

do konnst di
blos no hilegn
und schaugn
dass ned
davo laaft

ohne hirn
waars ohne wert
des lebn

## wenn bloß...

wenn bloß endli da summa kemma dat,
wenn bloß da wind net so stoark waat,
wenn ´d sun amoi den ganzn tag scheina kannt –
des vatreibat glei mein inwendign grant!

wenn ma si im summa net so woarm oziagn miasst,
wenn da nachba am moargn freindli griasst,
wenn´s ned zwischnduarch oiwei renga dat,
nacha waar des leem ned so unsagbar fad!

wenn im radio ned oiwei bloß mist kemma dat,
wenn in da zeidung ned so oft glogn wer´n dat,
wenn ´d leit insgesamt meara lacha kanntn,
nacha gaabs aaf da wöid vui weniga grantn!

wenn olle a weng meara denga datn
und de an da regierung d´ leit bessa lenka datn,
wenn´s olle a weng meara zsammhoitn kanntn,
nacha gabs aaf da wöid fast koane grantn!

## wenn da himmi lacht

de woarme luft schtrömt rei zu mia
weil offn schteht d´terrassntüa
da dermometa zoagt dreiß´g grad
weil d´sonn eam direkt troffn hat
heit is a himmiblaua tag
wo ma an jed´n grantla mag
ma lacht eam oafach gradaus zua
und er grinst aa, moant „i gib rua"
vui scheena kann doch d´wöid ned sei
ma siehgt ja fast in himmi nei

## wia´s is

wenn´s dia guat geht
geht´s mia aa guat

i bin froh
dass di gibt

ohne di
waar i

bloß a
hoiwada mensch

guat
dass d´ mi
gfundn hast

## wiakli

ja mei,

iatz schneibts wiakli!
iatz is´s do no winta wor´n.

i habs ja ned glaabt,
dass a do no kimmt.

und ...
samma iatz zfriedn?

## weg damid

da glizrige schnee
dea war ja schee
aba blos füa d´augn
oiwei zum ooschaun

sonst isa a last
de iatz nimma bassd
mia waarn eam gern los
wia mach ma des blos

## zum olanga

zwoa tag scheens weda
mid sonnaschein und himmiblau -
und scho geht's uns guat

de knospn im gartn san
aafgschbrunga –

tuipn in rot, gelb und weiß
schtehn kerzngrad da
und san schtoiz, dass endli blian deafan

da schneeboi vaschtrömt
sei aroma ganz bsondas am omd
wenn´s windschtaad is

und ab und zua siehgt ma
scho a humml
de vo oana blütn zua andan wandat

de erstn schmettaling vatreibn si de zeit
mit fanga spuin
und de vögal singan so laud
wenn´s olle familienmitglieda
zum ausfluag zsammruafan

in de gärtn werd emsi g´arbat
da rasn werd gmaaht und
de schträucha wern bschnittn
rund ums haus werd sauba gmacht
und de nochbarn ratschn wieda mitanand

´s frühlingsgfui is übaroi direkt zum olanga

## ärga mitm intanet

es is a scheiß mitm intanet
weils de hoiwe zeit ned gehd
a woch lang war i nimma drin
da ganze laptop hat koan sinn
wennsd koa vabindung eini kriagst
und oiwei ausm netz rausfliagst

in deina nod ruafst hoid dann o
de telekom. de fragt „wer isn dro?"
*„ja i hoid, wea sois sonst scho sei?*
*i kimm scho wieda amoi ned nei.*
*schauts endli, dass wos weidagehd*
*und reparierts des intanet!"*

„mia schau ma nooch, doch samma gwiss,
dass da nix unsa fehla is".
und schwuppdiwupp schpuid a musik:
>hier warteschleife – sie ham glück
es kümmat si am andan end
a mensch, ders intanet guat kennt<

nach schtundnlanga wartarei
kimmt so a fuzzi dann voabei
brüfd an vateila und an routa,
sagt dann: „da rechna - laufn tut a.
bloß da laptop, der foit aus.
woran des liegt, i finds ned raus."

oiso doch ned kompetent
dea mensch, dea ´s intanet guat kennt!
wartn muas i hoid iatz doch -
leida no a ganze woch –
bis **mei** combjutafuzzi kimmt

an laptop sich zua brusd dann nimmt,
dass i ins intanet dann kimm,
weil ohne – des is ziemli schlimm!

## wenns schneibt

wenn den ganzn tag
da schnee flankalt
werds gar ned richti liacht

aba tiaf in dia drin gschbierst
trotzdem a freid
üba de vazuckade wöid

### rode nasn

da erste schnee
foit andauand owa
und schtüamisch is´s worn

wennsd aussi gehsd
griagsd glei a rode nasn
und ´s dröpfal gfread fesd

´s braucht ned vui
dann schaust aus
wia dei eigna schneemo

## da zegg muas weg

scho wieda hängd so a zegg
im gwand vo da katz – dea muas weg

bloß – wia schtöi i des oo
dass i drokemma ko

diaf im fell hockd dea bluadige kearl
(des joar is ´s recht schlimm mit dem gschwearl)

zerschd muasd de katz lausn wia bleed
dann konnsd schaun dass des viech aussa gehd

baggs mid da zang
da katz wiad ganz bang

de woaß lang, woos iatz kimmd
dass ma d´freiheit ia nimmd

und reissd midm zegg
aa no fellhoar ia weg

de katz duad an loadign schroa
mia gehd a duach mark und duach boa

aba iatz is´s vobei
de tieaquälarei

und de katz is recht froh
dass wieda rumschbringa ko

## i hab dein gebuartstag vasaamt

o mei, o mei,
ea is scho voabei
i habn vaschwitzt
glaub mia, des sitzt
ganz diaf in meim heaz,
is a ganz großa schmeaz.

drum wünsch i east heit
koan kumma, koa leid,
vui gsundheit, vui freid
und vui liabe leit,
de dann um di san
wenns alloa nimma gang.

## transboartmittl

wenn i in da früa
a lauwoarms wassa
in mi neizwäng,
nacha klappts am oomd
bessa midm transboart
vo darmschtadt nooch lochhausn –
und mia geht's guat

## a gschenk

es is a gschenk, wos mia begengt,
sogoa, wenns draußn schnürln rengt.
i gfrei mi an da guatn luft,
am voglgsang und blumenduft.
i hab a freid, wenn d´sonna schtrahlt
und s nachbarkind a buidl malt.

es is a gschenk, wenn kinda lachan
und mitananda spiele machan.
i gfrei mi, wenn mia uns vaschtengan,
duach dick und dünn mitsamma gengan.
i hab a freid, wennst du mia sagst,
dass du mi allerweil no magst.

es waar a gschenk, wenn d leit si megn,
wenn olle froh waarn, waars a segn.
i dad mi gfrein, wenns olle guat gang
und wenn si olle menschn guat waarn.
i häd a freid, wenn i des kaant,
dass olle redn dadn mitanand!

## massnwahn*

boid hab i d´nasn foi

übaroi

gehts blos um fuasboi

da siehgt maramoi

wia schnöi

si d´leit

midreissn lassn

und

varuggt schpuin

wenn oana ofangd …

aa wenns nix

vo da sach

vaschtengan

des ko ziemli gfährli werdn
wenns umschlogd

*Weltmeisterschaft 2006*

## irgndwos is ollerwei

es gibt koan tag, der gradaus geht,
wo jeda pfeil im schwoazn steht.
manchmoi laaft aa wos nebnnaus
und trotzdem mach i ´s beste draus.

es ko ned olles goidn sei,
irgendwos is ollerwei.
oa kloane sach ko oiss vanichtn,
und trotzdem hab i meine pflichtn.

es geht hoit manches kreiz und quea
und oftmois is des lebn sauschwea -
mei optimismus schoit si ei
und scho laafts weida – ollerwei!

## midananda

geh weida, zeit, bleib schteh!
es is doch grad soo schee.
hoit ei, i mecht wos fragen.
vielleichd konnsd du mia sagn,
warum draat se de welt so schnöi
und bleibd nia schteh aaf oana schtöi?
geh, zeit, sei doch so guad
und mach mia wieda muad.

*geh, kind, hab doch koa angsd*
*i woaß, warum du bangsd*
*mach dia koan koopf, du machsd oiss guad,*
*aa wenns ned ganz so ausschaun duad.*
*i nimm di mid, gib mia dei hand,*
*uns zwoa vabindt a festes band.*
*i bin dei freind, dua dia ned weh,*
*aa wenn i oiwei weidageh*

geh weida, zeit, bleib trotzdem schteh
des lebn is wiakli grad soo schee!

## pfingstrosn

grad wia aus marzipan gmodelt
schtengans voam fensta
weiß und rosa
schtramm und schtoiz
wia zinnsoidatn
...

und de dickn weißn sahnehaubn
schaun zum obeißn schee aus

## wieda aufgschtandn

heit nacht war´s
greislich koid und frosti

ziemli zammzong
hams ausgschaut in da fruah
de bleamal im gartn

mia hams narrisch derbarmd

aba iatz
wo de sonn so schee waarmd
sans wieda aufgschtandn
und zoagn eahna ganze farbnbrachd

da mensch is aa so a bleamal

## drigg 17 b

i muas mia jedn schritt duachdenga
sonst bleib i hi und do wo hänga
den rechtn hax, den ziag i nach
dea is seit polio ziemli schwach
aaf oam fuaß schteh is nimma drin
do hauats mi da längs nooch hin

da rechde oarm daugd aa nix mea
ofd is damid des lebn sauschwea
denn macha konnsd mid oam ned vui
so huiflos sei is a bschissns gfui
do gibt's blos oans: recht griabi lacha
und koane schwaarn gedankn macha

seabsdübalisdung is iatz gfragd
damid ma ned am schigsoi nagd
ma muas si sogn: „´s gibd andre no
de san ja no vui schlimma dro
mia gehds do eigandli ganz guad
i kriag scho wieda frischn muad

zan weidawurschtln werd´s scho langa
i muas hoid oiwei nei ofanga
und oiwei wieda schbekuliarn
wia ebbas geh kannt mid mein hirn
des wenigstns bleibd schee flexibl
des andre zeig san kloane übl“

## wundabare wöid

heit is de wöid bosdkartnschee
i schtaun, wos i do olles seh:

da himmi blau ois wia azur,
de sonna schtraald und kriagt ned gnua
vui bleamal blian weiß, göib, blau, rot
a wunda is´s vom liabn gott.
de baam und schtreicher san hellgrea
und tragn an de vögal schwea
de zwitschan, dass de kehlen klingan
und wundascheene liada singan.
a dicke humml schwirrd scho rum
suachd nektar, machd dabei brumbrum,
vafliagt si, kimmt zu mia ins zimma
und find´t am end an ausgang nimma:
„hee, humml, schau, ´s fensta is aaf
iatz dra di um - ja, so is´s brav"
a tausndfiaßla kriachd am rand
vo da terrasse umanand.
guad, dass a koane schua ned hat,
weil des ganz greisli glabban dat.
o mei, da hockt a fette schpinn
im oleanderbuschn drin.
igitt, da gruslts mi direkt,
davoa hab i an mordsreschpekt!
wia da king stolziert in da wies´
a rabnvogl, so groß wiara ries´.
er hupft ins beet, suacht si an wuarm.
dann kimmt aaf oamoi a wuida schtuarm.
er dauat ned lang, ´s is glei wieda schtaad.
´s weda bleibt schee – andas waar´s fad.

## maria himmlfahrt

heit hamma endli dauaregn
am frauatag – es is a segn
füa de natua wars wiakli zeit
weil´s schlimm war mit da trocknheit

da frauatag is meistns schee
ma ko dann guat im dirndl geh
wenn d´ sonna lacht am himmiblau
dann gfreit se aa de liabe frau

de gottesmuatta lacht ja gearn
des kamma sehgn und manchmoi hearn
wenns wedablitzt warn´s ihre augn
wenns drauf glei donnad kammas glaubn

d´maria lacht – ma schpüats in da wöid
da petrus hat ia an witz vazähld

## joargangstreffn

a glassntreffn is neili gwen -
seit viazg joar ham sa se ned gsegn

zua schuizeid warns no olle jung
iatz ham de meistn blos no schwung

so schee wias warn san vui heit nimma
da huift koa meikap und koa gwimma

a heifal madln san scho gschtoam
da kloane rest is hoid äida woan

„mia oidn schachtln san no munta
uns ziagt aa gvatta tod ned nunta
mia treffn uns iatz olle joar
zan quatschn wias hoid friara war"

## koopfnuss

des lebn kann so schee oft sei,
blos manchmoi is a tag dabei,
da kriagst scho in da früa an schlag
und woasd, dass di heit koana mag.
du schtehsd mim linkn fuas zerschd auf,
da schtui foid dia auf zehan nauf.
dann rennst da u-bahn hintahea,
dawischd d´as aba nimmamea,
dei arbat machd dia aa koa freid,
weil oafach bleed san heit de leit.
da kaffe kimmt da wieda zruck.

*mia langts - i glaub i werd varuckt!*
*nix passd heit - olles gehd danebn,*
*zvui mist aaf oamoi is koa leben.*
*i leg mi nieda – schlaf mi aus,*
*moargn werd a gscheida tag scho draus.*

## i hab gnua

manchmoi is mia oafach ois z´vui,
es gehd nix so, wia i des wui:
da koopf duad in da frua scho weh,
bevoa i ausm bett aafschteh.
dann glinglts delefon wia bleed.
bis i erscht obheb, is´s scho z´schbäd,
neamd is mea dro, dea mi gearn heard
oda si weng woos beschweard.
und des in olla heagottsfrua -
mia glangts scho wieda – i hab gnua!

beim ooziagn glabbd de häifte ned,
weil heid wieda amoi nix gehd.
de arm san z´kuaz, de haxn z´lang -
warum i übahaupts oofang
mid aafschteh, ooziagn und so weida
i froog mi des – und glaab, ´s is gscheida,
des nexde moi bleib i im bett
und wart, bis dass mias bessa gehd!
de eisicht scho in olla frua ...
mia glangts scho wieda – i hab gnua!

## aba da lenz kimmd

tauweda
sauweda
matsch aaf da schtross
übaroi is´s noos
de katz schtöizt üba pfützn
dei koopf, dea brauchd a mützn
weil da wind a so schbinnd –
aba da lenz, dea kimmd

de wiesn is badschnoos
aba grea werd wieda ´s groos
de amsl suachd an wuarm
da wind wird iatz zum stuarm
scho schbitzn glöggal raus
da winta is boid aus …
de sonn mea wärm scho gwinnd
und da lenz, dea kimmd

## abfent

abfent, abfent
de liachtakettn brennt
koa lampal is ned hie
des hatt´ ma ja no nie

abfent, abfent
mei liabsta schatz, dea rennt
in goartn  naus zum tannabaum
aaf d´nacht, da derf ma liachta schaun

abfent, abfent
de mama seelig flennt
weil so an scheena tannabaum
hat´s nia ned ghabt
des deafts ma glaub´n

## am heilign omd

da heilige omd is a schpannenda tag
weil ma se blos guad und ned bös sei mag
ma soi ned fluacha und nia ned liagn
sonst kannt ma a warzige nasn kriagn
olle soin sei ganz sittsam und brav
wia voarm jesus sein krippal des kloana schaf

da heilige omd is a bsondare nacht
d´maria hat s christkindl auf d´wöid uns bracht
es gfrein se de engal und singan im choa
´s „gloria excelsis" dem kloana buam voa
dea schmunzlt grüabig, da ox schaut zua
und da esl hutscht´n in de selige rua

am heilign omd schteht a christbaam im haus
ganz vui kearzn leichtn des zimma aus
in unsare hearzn wird's woarm und hell
glück und freid san boid zua stell
de menschn san froh und ham se gern
und am himmi schteht da weihnachtsschtean

## a andare schtimmung

schad is´s, dass de feiatag
scho wieda rum san
d´ weihnachtsschtimmung
liegt aaf da schtraß ...
moargn wern de tannabaam
abghoit und riseikld
...
dann werds in unsare schtubn schee woarm
da dermomedda schteigt
und a wohlige schtimmung hamma aa wieda

## da kartngruaß

i woit dia bsondane griaß bringa
aaf ana kartn mid suibriga schrift.
aba da glückwunsch woit ned g´linga,
des suiba war nimma drin im schtift.

dann hab i´s hoid mid goid brobiert,
und des is ganga fast wia gschmiart.
iatz kriagst hoid a kartn mid goid
woasd, was i dia sagn damid woit?

## da himmi woant

heit woant da himmi - au weh zwick
er heard gar nimma auf
de woikn san so narrisch dick
es liegd a graua schleia drauf

ma ko blos no des blätschan hearn
nachts san am himmi koane schtern
da guade mond hat se vazogn
san eahm zvui gschbensta umagflogn

da tag is wiakli greisli heit
de leit san bliebn dahoam
mia ham hoid iatz scho herbstnszeit
und es is nimma woarm

## de rechte schtimmung

afn läbtob hawi
a tiaf vaschneide kapelln
und an tannabaam, der schee leicht,
ois hintagrundbuidl
...
weihnachtsidylln pua
...
wenn d´schtimmung bloß
vo aussn kimmt
nacha taugts nix
...
si muaß im hearzn sitzn
tiaf drin
nacha passts

## gehd scho los

bei uns
fangt silvesta
glei nach weihnachtn o

kaum dass se s christkindl vazogn hat
fliagn de tannabaam aaf d´schtrass
ollahand silvestaknalla
fliagn da um d´ohrn
und rua is koane mea
bis neijoa vobei is

da iss guad
wenn ma ohrnschtöpsl
dahoam hat

## dawischt

mid schädlweh aafgwacht
beim aafschteh fast zammkracht

im schwindl aafs klo ghockt
und innwendi zammgsockt

mid letzta kraft aafgricht
im schpiagl a fremds gsicht

glei wieda aafs oar glegt
an wirus schnöi nausgfegt

## heit is´s schtüamisch

da wind bloost mia
mid soichana wuchd entgegn,
dass mia de luft zum schnaufa wegbleibd
und mi fast umhaud

wos moanst,
soi i mia des gfoin lassn?

ja mei,
zruckbloosn werd nix nutzn!

oiso samma zfriedn dass ned regnd.

# i bin scho miad

iatz foin ma d´ augn scho zua
i miassat glei ins bett
´s hirnkastl gibt koa rua -
i bin im intanet

da gibt´s so vui zum schaun
obwoi de guckal schmeazn
kann i mi ned hihaun
sitz aafrecht wiara keazn

oiwei learn i was neis
iatz kann i aba nimma
des lesn hat sein preis
´s koopfweh werd oiwei schlimma

dann hör i halt iatz aaf
und leg mi endli nieda
da mensch braucht ja aa schlaf
und morgn dann sörf i wieda

## mensch meia

gestan bin i vielleichd daschrogga!
aaf oamoi hot´s mi umghaut
grad, ois i mi waschn woit in da früa ...

mia san oafach de knia woach worn,
kerzngrad  bin i z´sammgsaggt ...

und des oiss pudlnaggad!

a bleede gschicht ...
aloa kimm i nämli nimma hoch.
mensch meia, i hab mi ganz schee scheniert!

## wos bsondas

wenn oana zu dir sauhund sagt,
sei ned draurig und vazagt.
ea moant´s ned bös, naa, glaub des ned
im gegnteil – ea find´t di nett.
ea woas, dass du wos bsondas bist,
dass ea im lebn di nia vagisst,
du bist füa eam da inbegriff
vom menschn mid am supaschliff,
a edlschtoa – a goidschtück hoid,
a mensch, dea eam ganz bsondas gfoit
und schtoiz is, weil a di lang kennt.
drum volla liab di sauhund nennt.

## rotzfreche amsl

unsa katz de hats ned leicht,
weil oiwei, wenns durchn gartn schleicht,
a so a freche amsl kimmt
und ia de freid am drauss sei nimmt.

sitzt da tiga in da wies,
dauat des beschtimmd ganz gwies
koana zwoa minutn ned,
dass des viech am hausdoch schteht.

dann geht's los de kreischarei,
flattan tuats aa no dabei,
und im schtuazflug kimmts vo drobn
owagflogn - des is ned glogn!

d´katz fletscht iare schbizn zähn,
meckat zruck. ma konns vaschtehn.
doch da vogl gibt koa rua.
>hat des viech iatz ned boid gnua?<

denkt da tiga, draat si um,
schteht aaf und macht an buckl grumm,
suacht si deckung untam busch,
und i glatsch und schrei laut „kusch".

doch des mistviech kimmt scho wieda,
kreischt und fliagt iatz ziemli nieda,
land´t vorm buschn und de katz
duat an riesngrossn satz

aaf de amsl zua. doch leida
roast da vogl ganz schnöi weida,
zeedat no im fliagn dahie.
Sappalot, des äagat mi!

unsa katz is zan dabarma.
so a tiga, so a arma.
ko aaf seine oidn tag
goa ned tua, wos ea gean mag.

wenn i iatz a schiasgwea hätt,
waar i wiakli goa ned nett,
daat de amsl laud vajagn
und gangat ia an amslkragn!

## es is so schwaar

geduid brauch i zum lebn ganz vui,
weils oft ned geht, wia i des wui.
i muas geduid mia oträniern.
des tuat oft weh - i ko des schpiarn.
dann ziagt se mia da brustkoab zua,
dea wehdam gibt oafach koa rua.
doch i muas wartn, muas mi zähma,
ko meim heafa sei freiheit ned nehma.
ea huift ma ja wiakli, wo a grad ko.
blos **i** muas geduid ham mid meim mo.

## no oa gedicht

oa gedicht dat i no braucha,
dann waars büachal wiakli voll.
mia duat iatz da koopf scho raucha,
aba s´dichtn find i toll!
manchmoi is´s a bissl müasam,
s andre moi, do gehts ganz schnöi.
aba meistns fliaßts recht locka,
´s gsuachte woart is schnöi zua schtöi.
wenn se dann de veasal reima
und guat klingan, is des schee.
oftmois tuat im hian scho keima
a neis gedicht von da veasalfee.

**Birgid Krause,** 1949 in Niederbayern geboren und aufgewachsen, lebt mit ihrem Mann und ihrer Katze Tiger in Berlin. Nach mehrjähriger Praxis als Lehrerin und dreiundzwanzigjähriger Tätigkeit als Pfarrsekretärin in einer katholischen, ehemals durch die Mauer geteilten Gemeinde ist sie seit Oktober 2003 im Ruhestand. Sie schreibt seit ihrem zwölften Lebensjahr, zumeist humorvoll oder ironisch, in Form von Tagebucheinträgen, Prosa – und Mundartgedichten oder gereimter Lyrik, als Auseinandersetzung mit dem Tagesgeschehen. Seit ihrem fünften Lebensjahr ist sie behindert nach Kinderlähmung und seit 2003 Rollstuhlfahrerin. Ihr Handicap ist ihr allerdings weniger eine Last, als eine Möglichkeit, das Leben trotzdem als schön und lebenswert zu empfinden und ihren Gedanken Flügel zu verleihen.

Bereits bei BoD erschienen:

**Kulleräugig und samtpfötig**
Erinnerungen einer Katze
ISBN 978-3-8391-0879-6
72 S., € 4,90

Das Buch *Kulleräugig und samtpfötig* von Birgid Krause ist so Katzen-Gedanken treu geschrieben, dass jedem Katzenliebhaber das Herz aufgeht.
Man kann es richtig erfühlen und man möchte glauben, dass die Katze Tiger es selbst geschrieben hat.
Anfangen, lesen, und dankbar am Ende zuklappen, das ist es, was dieses Buch von uns fordert.
Man mag es nicht zwischendurch weglegen, dazu ist es zu spannend.
Man muss unbedingt wissen, was die Katze als Nächstes von sich erzählt.
Ein wundervolles Buch.

Rita Keller